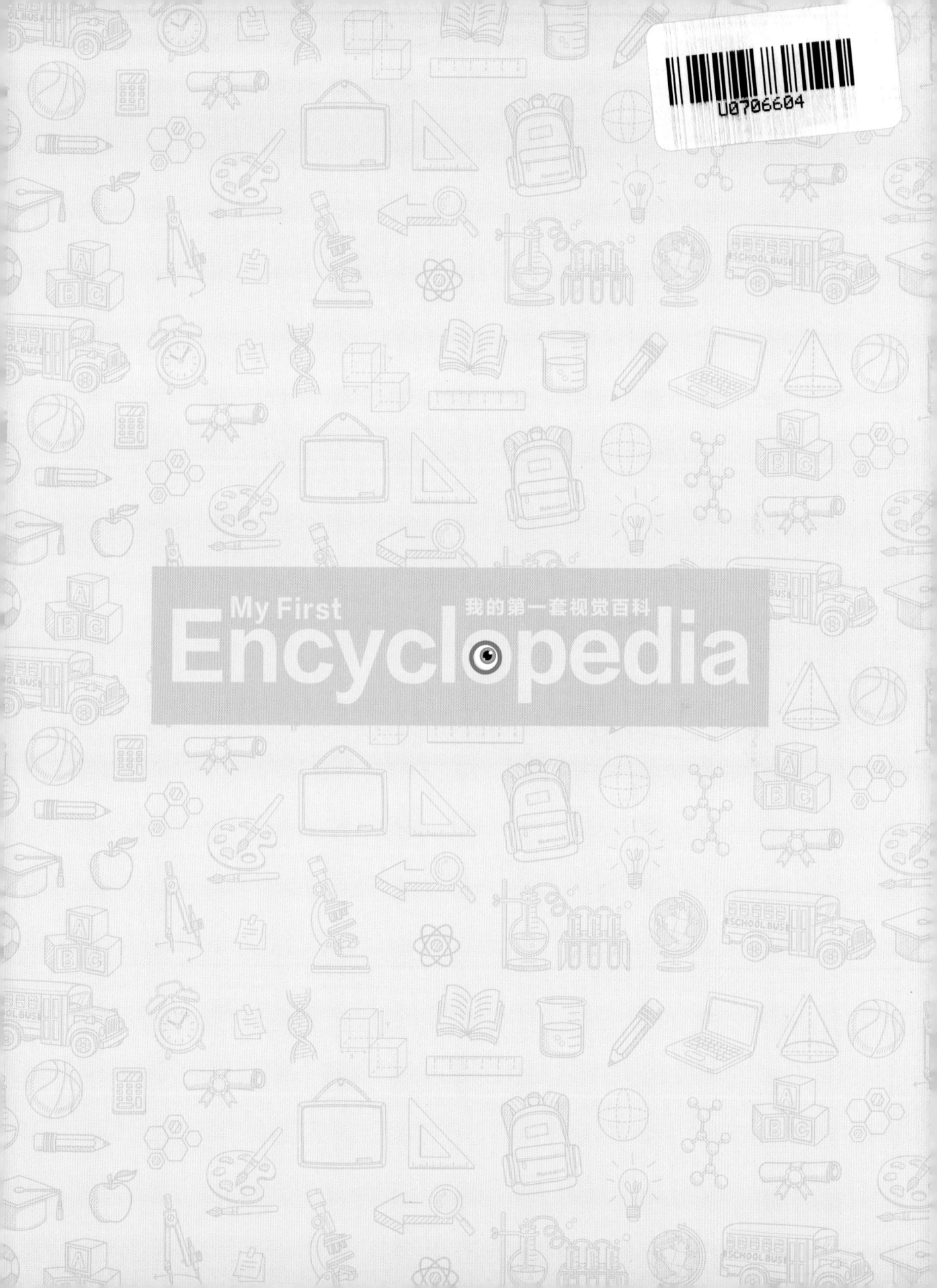

我的第一套视觉百科

机器人

张功学 ◎ 主编

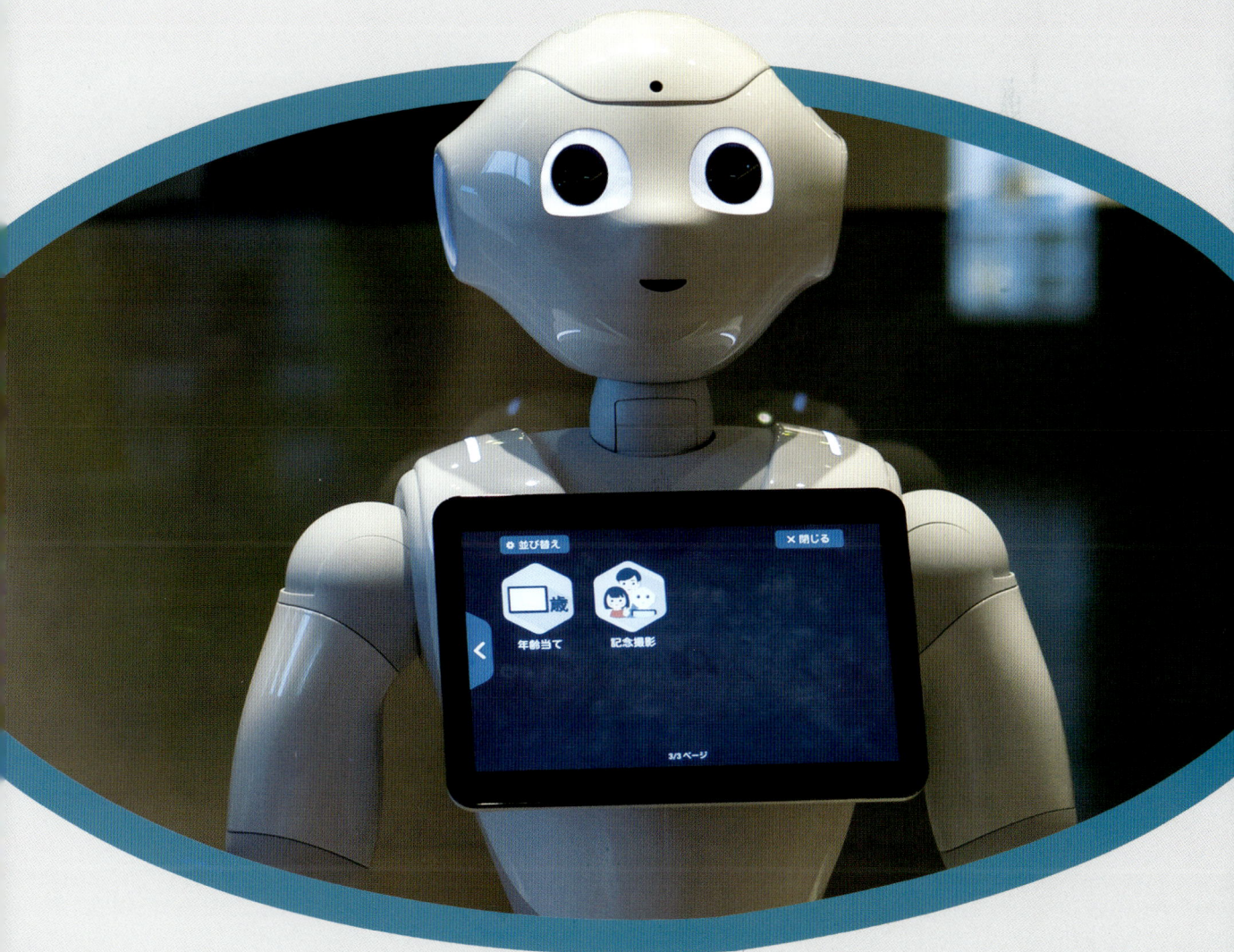

陕西新华出版传媒集团
未来出版社

前言

机器人是人类几千年文化和技术创新的综合性产物,它的出现打破了人类和机器之间原有的界限。在很早的时候,人类就幻想能够制造一种类似自身的装置。随着科技的进步,这种幻想以机器人的形式变成了现实。

虽然目前的机器人在功能上还远远比不上人类,但它们比简单的机械要能干得多,它们有的小巧,有的庞大,有的可以和小朋友一起玩耍,有的能为人们制造汽车,有的还能上天下海进行探险……

本书是以趣味性和科学性为基础,为广大少年儿童编写的科普读物。它详细介绍了各种功能的机器人,可以让少年儿童清楚地了解那些奇特的机器人到底是怎么一回事,既满足了他们的好奇心,又增加了他们的科学知识。

本书文字简洁易懂,图文并茂,可读性强,符合少年儿童的阅读特点。希望小读者通过阅读此书,增长知识,开阔视野,积流成河,做一个有学识的人。

目 录

机器人的早期研究…………………………………1

机器人更新换代……………………………………2

机器人的样子………………………………………4

机器人的构造………………………………………6

机器人的能力………………………………………8

工业机器人…………………………………………10

农业机器人…………………………………………12

家用机器人…………………………………………14

娱乐机器人…………………………………………16

医疗机器人…………………………………………18

水下机器人…………………………………………20

救援机器人 …………………………… 22

太空机器人 …………………………… 24

军用机器人 …………………………… 26

微型机器人 …………………………… 28

乐高机器人 …………………………… 30

机器人比赛 …………………………… 32

人机对抗 ……………………………… 34

电影中的机器人 ……………………… 36

机器人索菲亚 ………………………… 38

未来的机器人 ………………………… 40

潜在威胁 ……………………………… 42

机器人的早期研究

机器人是一种能够自动执行工作的机器装置，是融合了机械电子、计算机、材料和仿生学的产物。它的诞生，使人类摆脱了往日枯燥的劳动。不过，想要研制一台机器人是很不容易的，尤其是在早期，人们为研制机器人付出了巨大辛劳。

▲ 达·芬奇机器人的模型

机械骑士

1495年，意大利天才科学家、发明家、画家、生物学家达·芬奇设计了一个人形的机械骑士，这可能是世界上最古老的机器人。它可以像人一样坐着或者站起，摇头及张开嘴巴，手臂还能前后摆动。

机械鸭子

1737年，法国人沃康松制造了一只非常复杂的机械鸭子。它由400多个零件构成，不仅会拍翅膀、曲脖、躺下，嘴巴还能活动，甚至还能喝水、吃谷物。

名称的由来

1920年，捷克斯洛伐克作家卡雷尔·恰佩克在科幻小说《罗萨姆的万能机器人》中，创造了"Robot"一词。从此，"机器人"这个名字诞生了，专门用来指没有思维能力，不能思考，只是类似人的机器。

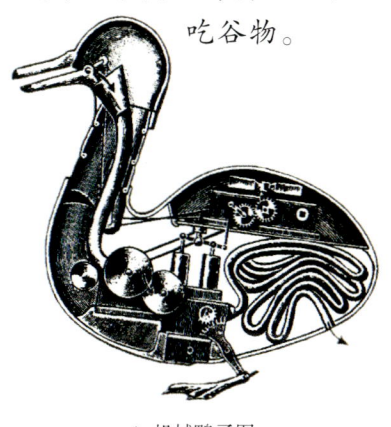
▲ 机械鸭子图

▲ 沃康松

机械玩偶

1773年，瑞士钟表匠皮埃尔·雅克德罗父子利用齿轮和发条制作了一些复杂的机械玩偶，它们有的能拿画笔和颜料自己绘画，有的能用鹅毛蘸墨水写字，还有的能弹奏古钢琴。

机器人更新换代

在早期,人们所研制的并不是真正的机器人,将其称之为简单机械或机器人的雏形更为贴切。真正的机器人是 1954 年诞生的。目前,人们已经研制出第三代机器人,其性能和功能比之以往有了很大提升。

> **"早稻田机器人一号"**
> 1969 年,日本早稻田大学研制出了"早稻田机器人一号"。这是世界上第一台可以用双脚行走的机器人,不仅可以辨认身边的物品、听懂人的指令,还能借助手指上灵敏的传感器,抓取易碎物等。

第一台可编程机器人

1954 年,美国工程师乔治·德沃尔设计制造了世界上第一台可编程的机器人。这台机器人可以按照不同的程序从事各种工作,灵活性和通用性非常强。

第一台工业机器人

1959 年,乔治·德沃尔和约瑟·英格伯合作,设计了世界上第一台名叫"尤尼梅特"的工业机器人。此后,英格伯和德沃尔筹办了世界上第一家专门生产机器人的工厂。

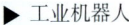
▶ 工业机器人

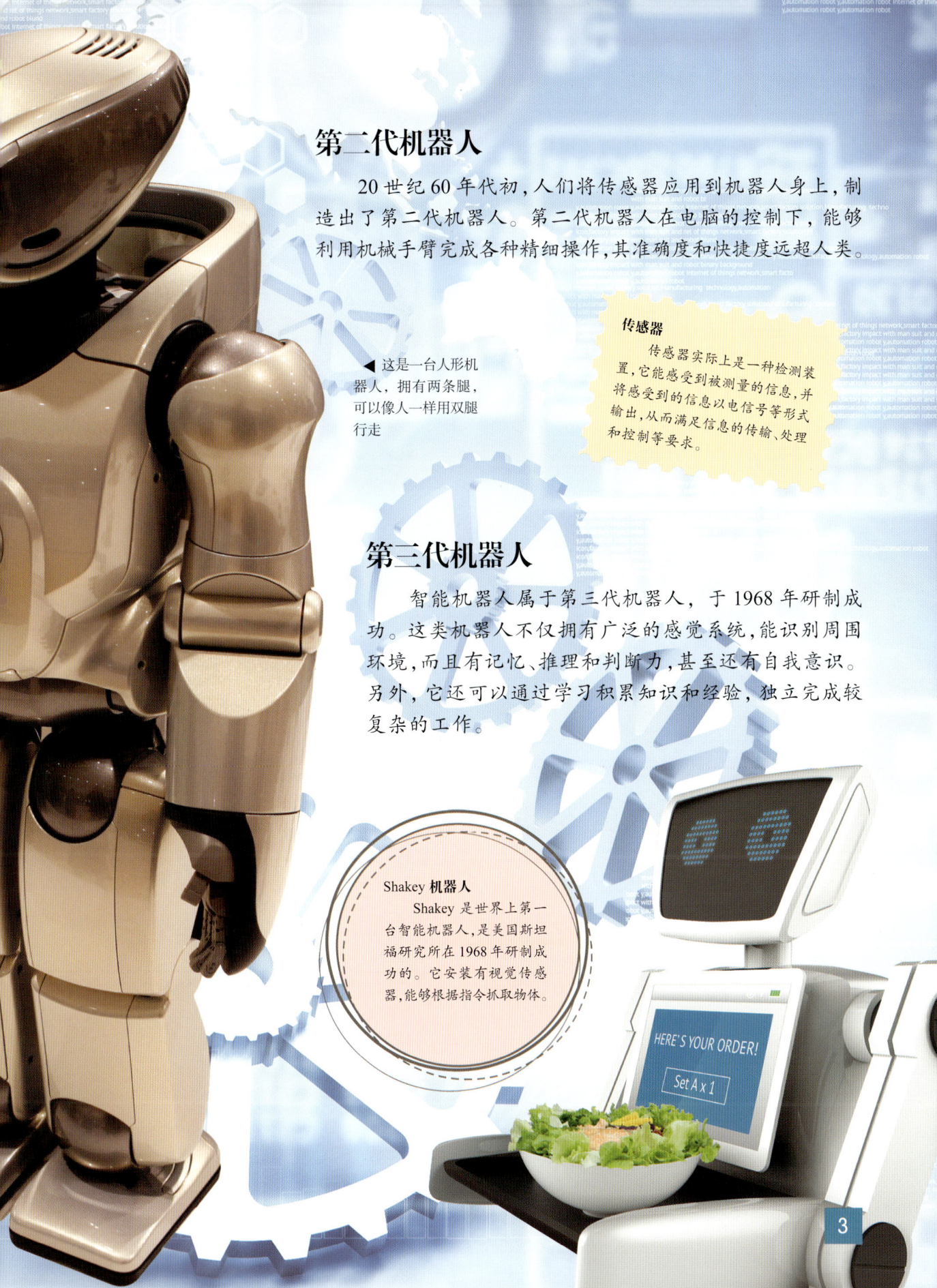

第二代机器人

20世纪60年代初,人们将传感器应用到机器人身上,制造出了第二代机器人。第二代机器人在电脑的控制下,能够利用机械手臂完成各种精细操作,其准确度和快捷度远超人类。

◀ 这是一台人形机器人,拥有两条腿,可以像人一样用双腿行走

传感器

传感器实际上是一种检测装置,它能感受到被测量的信息,并将感受到的信息以电信号等形式输出,从而满足信息的传输、处理和控制等要求。

第三代机器人

智能机器人属于第三代机器人,于1968年研制成功。这类机器人不仅拥有广泛的感觉系统,能识别周围环境,而且有记忆、推理和判断力,甚至还有自我意识。另外,它还可以通过学习积累知识和经验,独立完成较复杂的工作。

Shakey 机器人

Shakey 是世界上第一台智能机器人,是美国斯坦福研究所在1968年研制成功的。它安装有视觉传感器,能够根据指令抓取物体。

机器人的样子

"机器人"虽然名字中有一个"人"字,但它们的样子并不都像人,比如有的像小狗,用轮子行走,有的仅仅只是一条机械臂,有的还能变换外形。总之,机器人的外观千变万化,没有特定的外形。

人形机器人

人形机器人又称仿人机器人,是一种具有人的外形的机器人。比如,日本本田公司研制的"阿西莫"就是一种人形机器人。它拥有灵活的四肢,可以像人一样跑步、开门,甚至踢足球和开瓶倒茶。

▼ AIBO 为 Sony 所研发的电子宠物狗,常出现于一些机器人展览中

"马龙"机器人

"马龙"机器人没有人的外形,既没有腿,也没有手臂,完全靠底部的两个轮子驱动前进。它安装有摄像机,可以巡视整个建筑,还能使用录像机、洗碗机等电器。

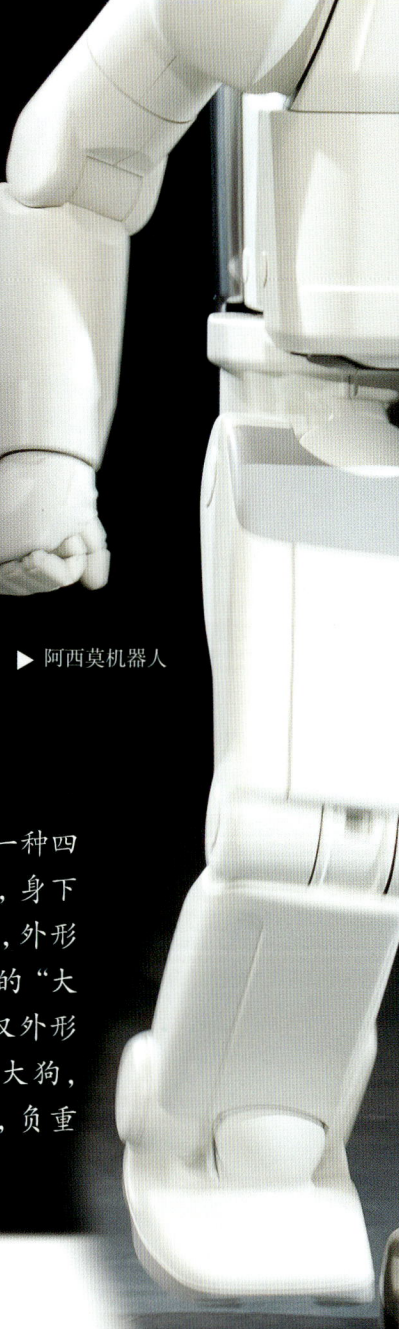

▶ 阿西莫机器人

机器狗

机器狗是一种四足仿生机器人,身下有四条"铁腿",外形很像狗。美国的"大狗"机器人不仅外形像一条真正的大狗,还能翻越障碍,负重前进。

用轮子行走

很多机器人不用"腿",而是用轮子行走。比如,乐高公司在2003年推出的"巨网"机器人,它的外形像一只长着轮子的大蜘蛛,能够依靠齿形车轮在任何地面行驶。

▲ 用轮子行走的机器人

史宾机器人

2004年,"史宾机器人"正式面世。这是一款非常复杂的人形机器人,外表看上去像一个骑警又像一个全副武装的大猩猩,不仅会跑步、跳舞、踢球,还会交谈和发脾气。

仅有一条机械臂

工厂中的机器人大多仅拥有一条机械臂,但它们的能力非常强,能够在自动化生产线上不间断地执行焊接、喷漆和安装车轮等重复性工作。

▶ 工厂中的机器人

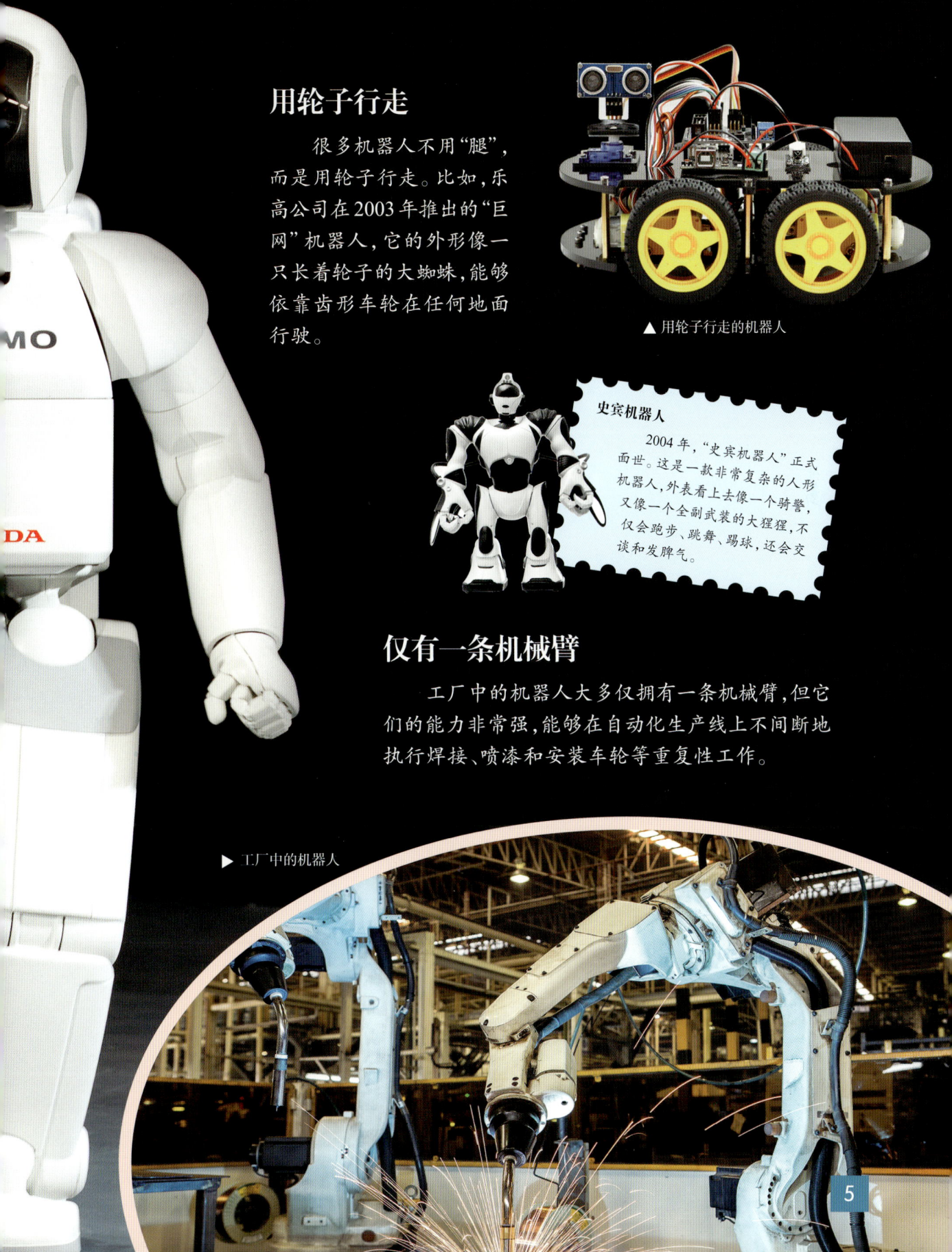

机器人的构造

机器人是融合了机械电子、计算机、材料和仿生学的综合性产物，因此它的构造比较复杂。不过，大部分机器人的构造单元基本相同，包括执行机构、驱动装置、检测装置、控制系统和复杂机械等。

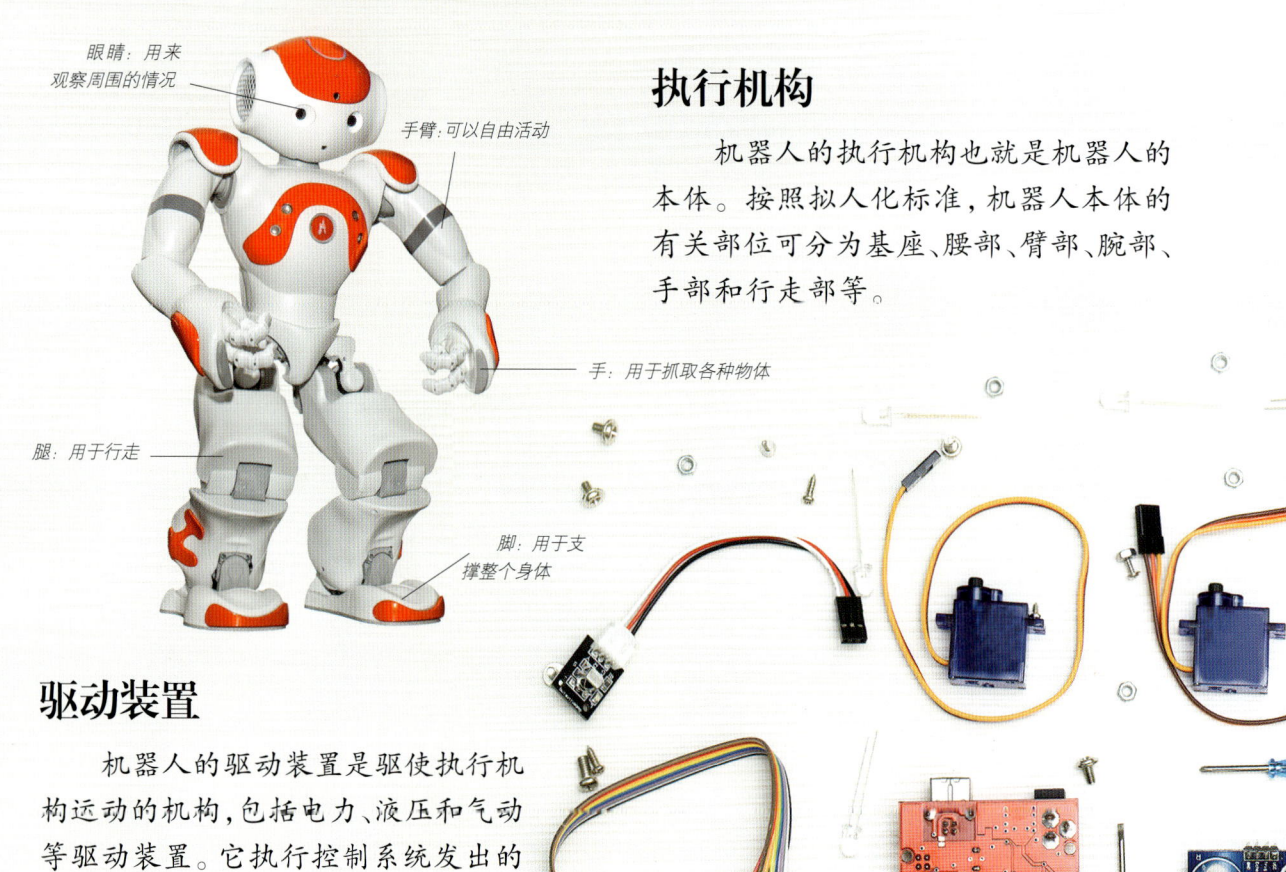

眼睛：用来观察周围的情况
手臂：可以自由活动
手：用于抓取各种物体
腿：用于行走
脚：用于支撑整个身体

执行机构

机器人的执行机构也就是机器人的本体。按照拟人化标准，机器人本体的有关部位可分为基座、腰部、臂部、腕部、手部和行走部等。

驱动装置

机器人的驱动装置是驱使执行机构运动的机构，包括电力、液压和气动等驱动装置。它执行控制系统发出的指令信号，使机器人进行动作。

机器人的感官	
视觉	由摄影机或激光器承担，可以测量自身和周围物体间的距离。
触觉	由压力和温度感应器负责，可以感知温度，也能知道拿物体时用多大力。
听觉	由麦克风收录声音，然后进行分析、比对，从而辨认不同的声音。

▲ 构成机器人的各种配件，由它们连接机器人的各个部分

检测装置

机器人的检测装置主要用于实时检测机器人的运动及工作情况,然后将收集的信息反馈给控制系统,与设定信息进行比较,对执行机构进行调整,保证机器人正常运动。

▶ 机器人行走时,检测装置不断收集步态信息,然后由控制系统进行步态调整

检测装置的传感器
内部信息传感器:用于检测机器人各部分的内部状况,并将所测得的信息反馈给控制器。
外部信息传感器:用于获取外界环境的信息,以使机器人的动作适应外界情况的变化。

控制系统

控制系统是机器人的"大脑",用于控制和下达指令。机器人的全部控制可以由一台微型计算机完成,也可以由多台微型计算机共同承担。

复杂机械

机器人是各种机械的有机组合,比如连接杆、车轮、弹簧、橡胶管、电线等。这些简单机械组合在一起,构成复杂的部件,进而组合成各种机器人。

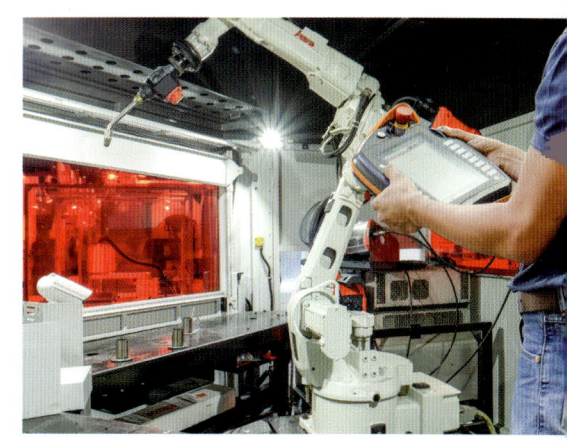

▲ 机器人控制系统

机器人的能力

机器人的功能非常强大，可以代替人完成一些危险或者艰难的劳作、任务等。通常，不同的机器人能力也不同，比如有的可以做简单的家务，有的可以加工零件，有的可以进行安全警戒，有的可以收集科研数据等。

做简单的家务

有些机器人能帮助人们打理生活，做简单的家务活。比如，2003年美国出产的"赛依"家用机器人，可以拿碗、送信，加上特殊配件，还能变成一个吸尘器。

▲ 智能吸尘器

机器人的能力评价		
机能	物理特性	智能
主要包括机器人使用的通用性（执行不同任务的实际能力）和适应性（应对实际情况的能力）。	主要包括机器人的寿命、移动速度、可靠性和能承受多大的力或使出多大的力等。	机器人工作时的运算能力、记忆能力，面对特殊状况的判断能力和学习能力等。

加工零件

工厂里的机器人可以帮助人们加工机械零件。比如，德国的库卡机器人可以对金属铸件执行焊接、打磨及钻孔等工序。

◀ 库卡机器人

安全警戒

某些机器人可以像保安一样，承担安全警戒的职责。比如，德国生产的"摩斯洛"机器人携带有摄像机、麦克风、指纹扫描仪等仪器，可以在大厦或工厂内进行长时间巡逻。

▼冰川机器人

▲正在大厦内巡逻的安保机器人

太阳能电池

太阳能电池是很多机器人，尤其是太空机器人的动力来源。它由半导体硅片制成，可以利用太阳光直接发电，为机器人提供电能。

搜集科研数据

"格罗夫"是一种能够自主漫游的冰川机器人。它以太阳能电池为动力，可以在冰原上移动，自动搜集各种气候、地理等科研数据，然后将其传回研究中心。

工业机器人

有一些科学实验十分危险，人们无法直接用肢体接触实验物。于是，研究人员发明了机械臂。在这种新技术的启发下，乔治·德沃尔研制出了可编程的机器人，用于工业生产。从此，人们多了一个能干的伙伴。

什么是工业机器人

工业机器人面向的主要是工业领域，它是一种拥有多关节机械手或多自由度的机器装置，可以接受人类指挥，也可以按照预定程序，依靠自身动力和控制能力来实现各种功能。

▲ 工业机器人正在焊接

工业机器人的特点

一些太危险的工作不适合人来做，但对工业机器人来说毫无障碍。它们不仅速度快、精度高，而且力量更为出色。再加上有众多转轴，机器人的身段也更为灵活。

工业机器人的种类			
移动机器人	点焊机器人	激光加工机器人	真空机器人
是一种主要负责物品搬运、传输的机器人。	主要用于机械零部件、汽车整车的焊接工作。	主要用于高精度的激光加工作业。	是一种在真空环境下工作的机器人，主要用于半导体工业。

▶ 工业机器人正在加工汽车

◀ 工业机器人

汽车工厂的成功

在汽车加工业，工业机器人是不可缺少的设备，可以用来焊接汽车零部件，也可以给汽车喷漆，还可以对汽车进行检测等。1961年，美国汽车制造业率先使用了工业机器人。

应用广泛

除了汽车制造业，工业机器人也被用于化学工业、电子业等诸多制造业领域。仅2013年，全世界就有约18万个工业机器人加入生产行列。

建筑工地上的机器人

在建筑工地，机器人应用非常普遍，它们可以洗磨墙面、安装天花板，甚至能用砖头砌一面墙。有些破拆机器人还能用电动凿锤拆除损毁的水泥路面。

巴克斯特机器人

2012年，半人形机器人"巴克斯特"开始量产。对于小型企业来讲，巴克斯特是最为理想的机器人，因为它不需要专业的程序设计师，工作人员只需要拿着它的手臂示范一次，做几个动作，它就能独立执行同样的工作。

农业机器人

传统的农业劳作方式不仅需要大量的劳动力，效率还很低，成本很高。于是，人们发明了各种农业机器人，让它们在广阔的田野上代替手工完成各种农活。目前，日本的农业机器人水平居于世界各国之首。

采摘柑橘机器人

采摘柑橘机器人由装有计算机的拖拉机、光学视觉系统和机械手组成，它能根据橘子的大小、形状和颜色判断其是否成熟，然后决定是否要采摘。它的工作速度极快，每分钟能摘60个柑橘，还能按大小对其进行分类。

什么是农业机器人

农业机器人是一种应用于农业生产的机器人。它由不同的程序软件控制，能感觉并适应作物的种类或环境变化，通过检测和演算完成各种作业。

▼农场机器人助手在农场工作，对杂草进行鉴别和清除，对农作物喷洒化肥农药。用机器人代替工人，提高了工作效率

菜田除草机器人

菜田除草机器人安装有摄像机和能识别野草、蔬菜和土壤图像的计算机装置。通过摄像机扫描和计算机图像分析，它能层层推进除草作业，且不会对土壤造成侵蚀破坏。

▼正在田地里工作的农业机器人

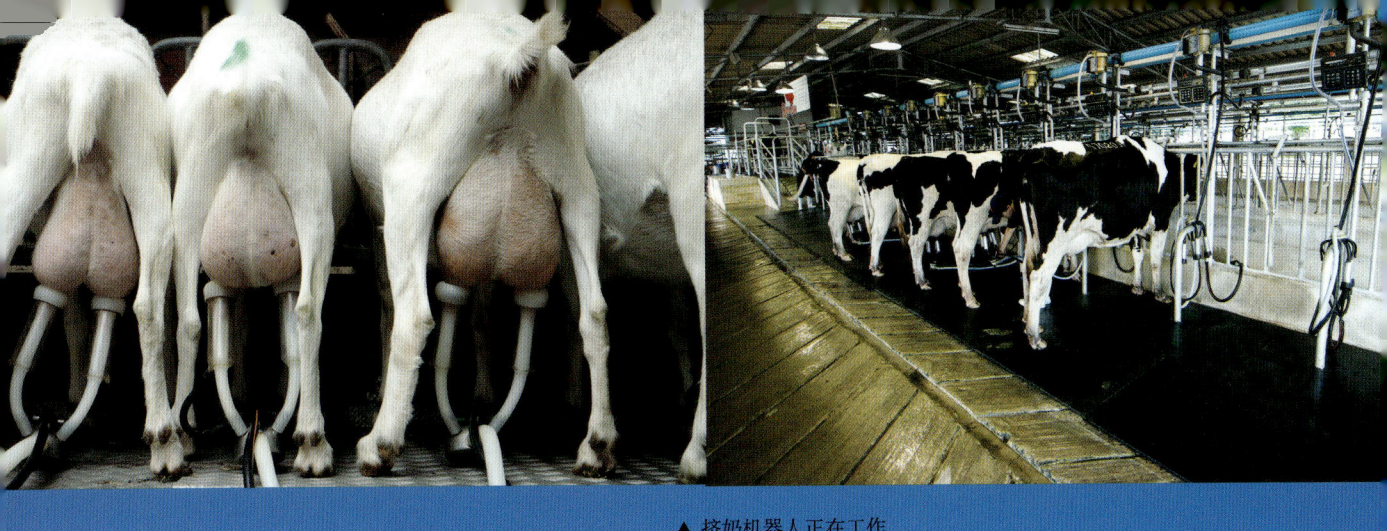

▲ 挤奶机器人正在工作

挤奶机器人

挤奶机器人可以判断奶牛什么时候该挤奶了。如果到了挤奶时间,它的机械手臂会在奶牛身下摆动,然后利用传感器自动辨认乳头,接着启动清洗程序,最后把挤奶杯罩上去挤奶。

施肥机器人

施肥机器人会对土壤成分进行分析,然后根据实际情况适量施肥。由于计算准确,它合理地减少了施肥的总量,既降低了农业生产成本,又提高了作物产量,还有效防止了地下水质不被过量的化学肥料污染。

农田机器人

农田机器人装有各种传感器和摄像机,具有辨认周围环境的能力。一旦发现巡视的农田有空地,它就会将携带的种子种下。必要时,它还会对农田进行施肥、灌溉、消灭害虫和清除杂草等工作。

家用机器人

20世纪初,一种新的"帮手"出现在家庭中,替代人们从事家庭清洁、管家、安保等工作。这些新帮手就是家用机器人,它们以微型传感器和摄像机为基础,配合设定好的程序,完成各种繁杂的家庭事务。

▲ 保洁机器人

保洁机器人

这是一款能自动清扫地面的机器人吸尘器。它能自动检测房间布局,然后规划打扫路径,既能吸取地面灰尘,又能清扫毛发、瓜子壳和食物残渣等。

智能吸尘器的功能		
	智能清扫	无须人工辅助,可自动进行吸尘工作。
	遥控清扫	有红外线遥控感应器,随时遥控,随时清扫。
	边缘清扫	有沿壁行走路径模式,清除室内死角区域。
	自主导航	多种行走模式,全覆盖完成清扫任务。
	防止掉落	具有防止掉落感应功能,桌面、阶梯面及高处清洁,心无忧。
	自动充电	电量不足时,提前并主动寻找充电器充电。
	记忆功能	充电完成后,自动可恢复清洁状态。

"爱可"厨师机器人

2006年,一台叫"爱可"的厨师机器人在上海亮相。它的外形酷似一台冰箱,肚子上有一个拉门,里面是各种烹调设备,与之相连的是一个智能化触摸屏。"爱可"厨艺高超,可以烹调几十道中华菜肴。

"RL1000"型剪草机

这是一款能够自动完成剪草任务的机器人,而且能够根据需求,设定6种不同的剪草高度。另外,它在剪草的同时,还能疏松表层土壤,将剪下的草进行处理。

▲ 剪草机

"番龙"保安机器人

这是一款保安机器狗,但样子更像恐龙。当探测到有陌生人入侵,或者闻到烟味或煤气时,"番龙"保安机器人会绕着房子搜寻和发出警报。另外,它还能充当宠物,执行"趴下""坐下"等命令。

"番龙"保安机器人
生产日期:2002年
机体高度:0.7米
动力源:电池供电
智能:机载微处理器
功能:探测入侵者,感知烟和煤气等

娱乐机器人

机器人不仅可以帮人干活,还可以供人娱乐,这就是娱乐机器人。这类机器人外部特征可以像人,也可以像某种动物。它们可以行走,也可以有语言能力或会唱歌等,如机器人歌手、玩具机器人、舞蹈机器人等。

机器人乐队

德国有一支特殊的重金属乐队,它的4名成员都是机器人。这些机器人歌手高约1.5米,重约250千克,可以演唱和演奏歌曲,还推出过原创音乐专辑。

▲ 机器人乐队在进行演奏

"皮诺DX"

这是一款人形机器人玩具,具有和主人学习、交流的能力。主人可以教它行走、玩游戏、跳舞、看家等。它"长大"后的性格,主要取决于主人和它的交流程度。

▲ 幼儿学习机器人

如何实现功能

娱乐机器人的基本功能主要是依靠人工智能、超绚声光、可视通话技术等实现的。其中,人工智能技术赋予了娱乐机器人独特的个性,让它们可以通过语音、声光、动作等与人交流。

"库里奥"

这是一款非常有才华的小型机器人,不仅能跳一些流行舞蹈,还会踢球,甚至还会向认识的人挥手、说话和打招呼,给人们带来欢乐。

▲ 跳舞机器人

"步行机器人"

这款人形机器人不仅是人类的助手,还是优秀的音乐演奏家。它的嘴唇可以模仿真人的动作,再加上灵巧的手指的配合,就可以用小号吹奏乐曲。

"爱宝"机器狗		
"爱宝"LM 系列机器狗	"爱宝"ERS-220	"爱宝"ERS-7 型
它们拥有语音识别系统,可以和别的"爱宝"狗交流。	它的嘴里有一个扬声器,可以发出各种声音。	它能听懂主人叫它的名字,还能识别主人的脸型。

▶ "爱宝"机器狗

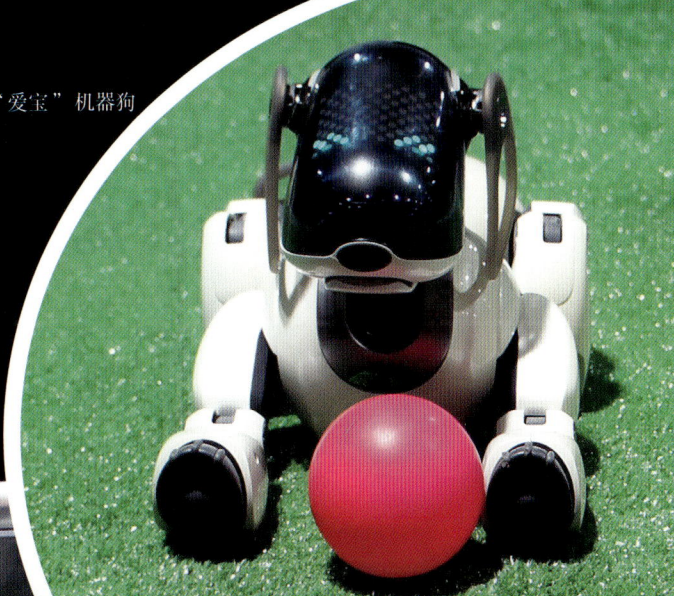

医疗机器人

在人们的印象中,不管什么样的手术,都必须由医生亲自操刀完成。但事实上,目前在一些先进的大型医院,有一些手术可以由医疗机器人执行,而医生只需盯着监视器,操纵医疗机器人的每一个动作。

"达·芬奇"手术机器人

"达·芬奇"外科手术系统是一种高级机器人平台,它有4只手臂,可以同时使用不同的手术工具,实施复杂的外科手术。执行手术时,外科医生盯着屏幕上显示的手术部位的立体图像,然后以遥控的方式操纵"达·芬奇"进行手术。

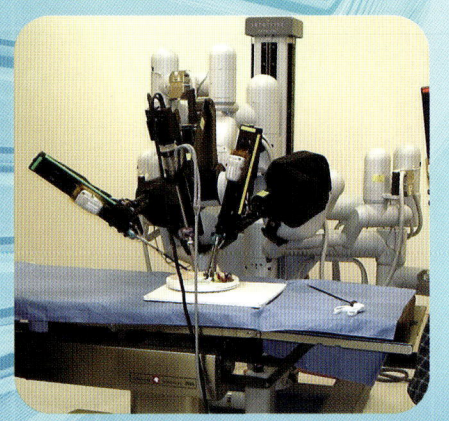

▲"达·芬奇"手术机器人

机器人护理师

"关怀机器人"是德国研制的机器人护理师。它可以照顾病人,帮病人送洗衣物或铺床,还会给病人送饮料,询问病人需求,甚至还会和病人聊天,帮病人缓解不良情绪。

康复机器人

有些病人需要进行长期的物理治疗才能恢复健康。那么,康复机器人就成为患者最好的选择。它不仅可以帮助患者恢复独立生活的能力,还能缩短患者康复的时间。

▲康复机器人

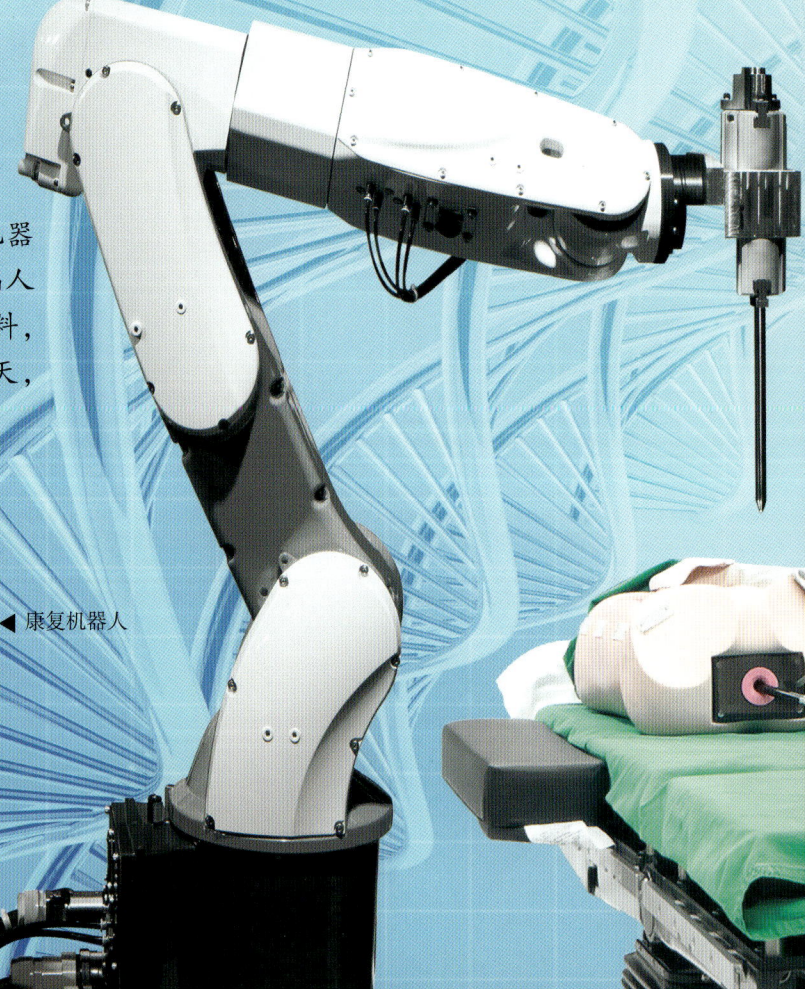

外骨骼机器人

外骨骼机器人是一种将人的智力和机器人的"体力"完美结合的产物，可以帮助老年人、残疾人等活动不方便的人群自由活动。它装有特殊的传感器，可以侦测人脑传给肌肉的信号，然后将信号转换为机器人的辅助动力。

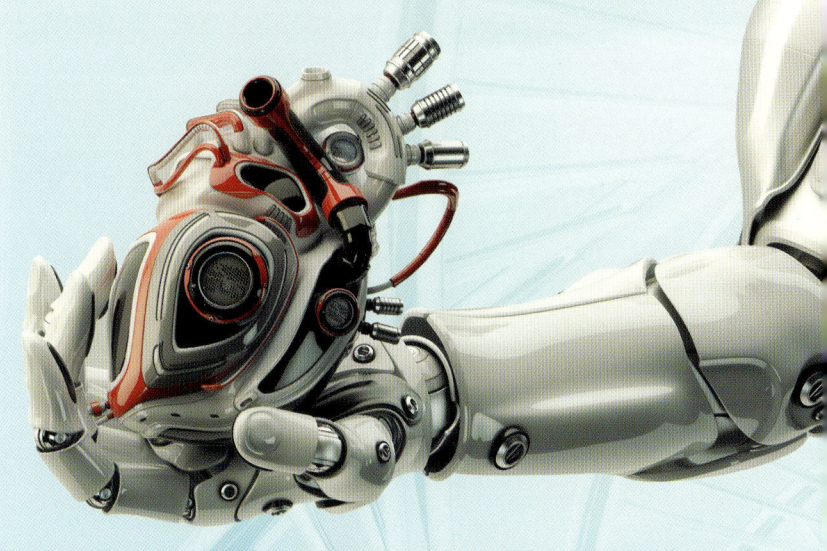

机器人患者

这种机器人可以作为培训实习医生的工具。它装有跳动的心脏、转动的眼睛，甚至还能呼吸，可以训练实习医生及医学生如何正确测量血压和其他生命体征等。

智能机械手臂

在未来，智能机械手臂可以让四肢瘫痪的人获得一些行动能力，不必处处依赖看护。这种机器手臂依靠人的思维和计算机来控制。人只要想喝水，机械手臂就会把水端到人的面前。

▲ 医用智能机械手臂

水下机器人

水下环境危险恶劣，尤其是深海海域不仅暗无天日，水温极低，而且水压特别大，就算是先进的军用潜艇，也无法到达。因此，水下机器人就成为海洋开发的重要工具。

分类和特点

水下机器人又叫无人遥控潜水器，是一种在水下工作的极限作业机器人，分为有缆遥控潜水器和无缆遥控潜水器两种。其中，前者由海面上的船只通过缆线遥控；后者没有遥控缆线，可以自动规划路线，不需处处依赖人来操纵。

▶ 水下机器人

海洋石油 286

2015 年 3 月 19 日，中国首艘深水多功能工程船——海洋石油 286 进行了深水设备测试，成功利用水下机器人将五星红旗插入南海中约 3000 米水深的海底。

"大力士"潜水机器人

"大力士"是美国研制的遥控潜水机器人。它身上配备有精密的测量仪器和灵活的机械手臂,可以做出准确的抓取动作,能将海床上的泥土、岩石带到陆地上。

▲ 自主潜水机器人

"深渊"潜水机器人

"深渊"是一种能够自主行动的潜水机器人。它身长约4米,像一个迷你潜水艇,能够潜入水下6000米的深度,而且可以持续航行100千米,既可用于科学研究,也可以搜寻失踪的船只等。

"奥德赛"自主潜水机器人

"奥德赛"是美国研制的一款自主潜水机器人,主要用于研究北极冰山的底部。它非常小巧,只有约3米长,可以进入很小的冰山狭缝中拍摄海洋生物。

▶ "海沟"号潜水机器人

"海沟"号

"海沟"号是日本研制的有缆遥控潜水机器人。它长3米,重5400千克,曾抵达太平洋最深处的马里亚纳海沟,创造了下潜到10911米深海的无人探测潜水世界纪录。

太空机器人

随着科技的发展,众多无人探测器被送入太空,进行太空探测。它们在太阳系中遨游,探索行星、卫星和彗星等众多宇宙天体,然后将得到的信息发送回地球,供科学家们研究。

"月球车1号"

1970年11月17日,苏联将世界上第一个无人驾驶的"月球车1号"送上月球。"月球车1号"行驶了10.5千米,考察了8万平方米范围的月面。

▶ "月球车1号"

◀ "旅行者1号"

"旅行者1号"探测器

1977年9月5日,"旅行者1号"探测器进入太空。它曾到访过木星、土星及其卫星等天体,拍摄了大量高清照片。目前,它已经进入太阳系最外层边界,随时可能飞出太阳系。

火星探测器		
轨道器	着陆器	火星车
火星环球勘探者、2001火星奥德赛	"火星3号""海盗1号""凤凰号"	"索杰约""勇气号""机遇号""好奇号"
▲ 2001火星奥德赛	▲ "火星3号"	▲ "好奇号"

"惠更斯号"探测器

2004年6月,美国"卡西尼号"抵达土星附近,释放"惠更斯"探测器,让其前往土卫六。"惠更斯"在土卫六着陆后,拍摄了大量照片,然后用无线电将照片发给"卡西尼",再由"卡西尼"转发回地球。

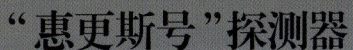

▲"惠更斯号"探测器

▼"机遇号"机器人

"机遇号"机器人

2004年1月25日,美国的"机遇号"机器人在火星表面安全着陆,然后利用机械臂、显微成像仪等对火星土壤进行收集和分析。通常,"机遇号"自主运行,只有在必要时,才会由地球远程操控。

"机遇号"机器人
发射日期:2003年7月7日
机体高度:1.5米
机体质量:180千克
动力源:太阳能电池板
最高速度:5厘米/秒
功能:火星表面移动、拍照、实地分析等

军用机器人

提到机器人,人们首先想到的是机器人玩具和流水线上的工业机器人,很少想到军用机器人。事实上,在军事领域,机器人的应用也非常广泛,比如无人机、无人潜艇、间谍卫星等。

扫雷机器人

在地面战场,机器人可以解救很多生命。例如,扫雷机器人可以凭借配备的摄影机、红外线传感器等搜寻地雷,并拆除引信,让士兵不至于被地雷炸死。

▲ 扫雷机器人

无人潜艇

无人潜艇是一种在海中作业的军用机器人,属于水下尖端武器。比如,英国的"塔里斯曼L"无人潜艇可以依靠独特的声呐搜索系统和全方位的摄像头,精确锁定水雷的位置。

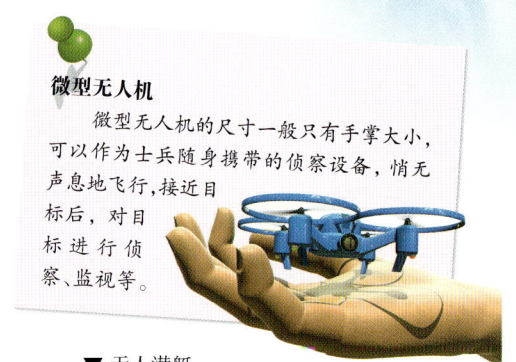

微型无人机

微型无人机的尺寸一般只有手掌大小,可以作为士兵随身携带的侦察设备,悄无声息地飞行,接近目标后,对目标进行侦察、监视等。

▼ 无人潜艇

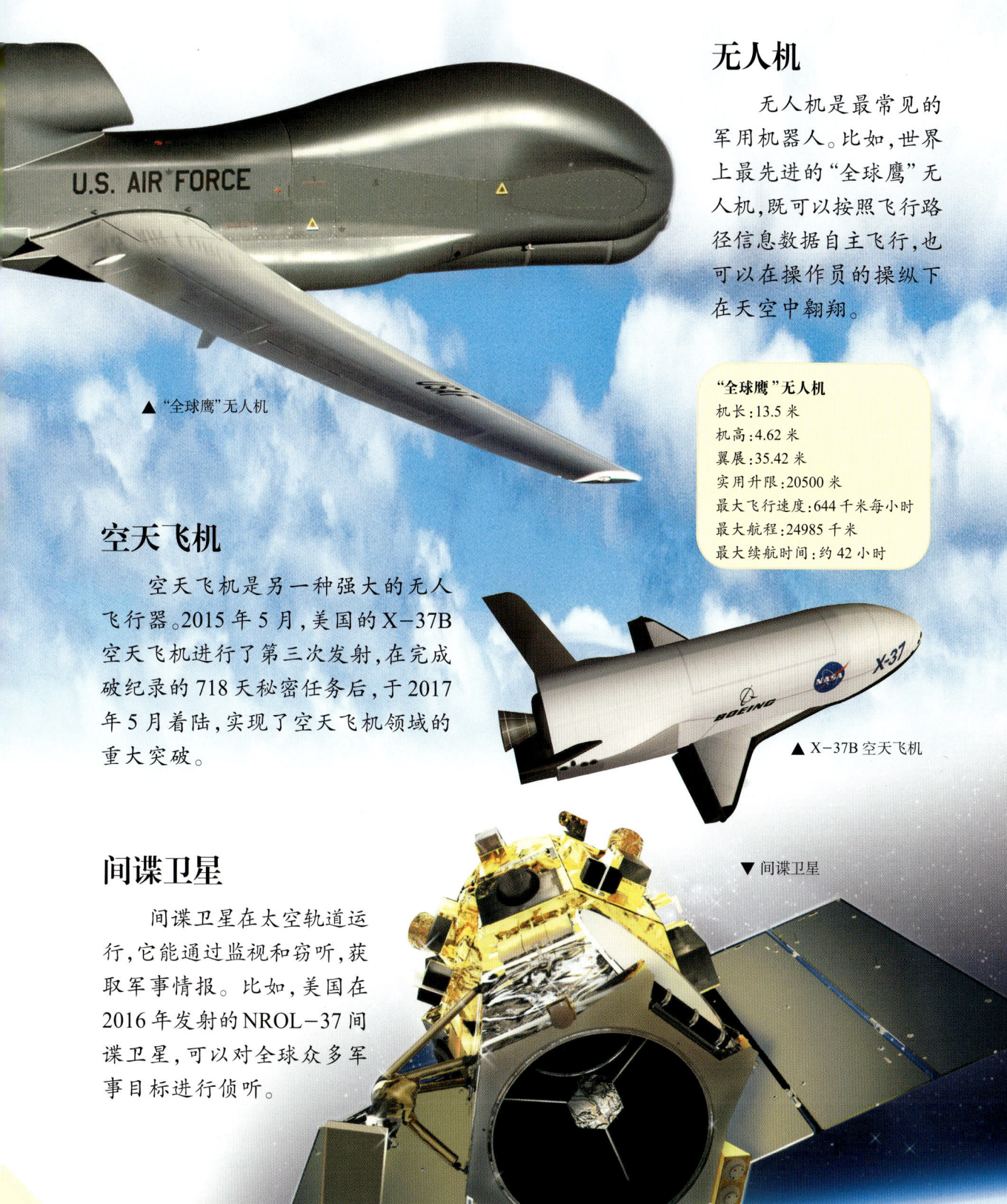

无人机

无人机是最常见的军用机器人。比如,世界上最先进的"全球鹰"无人机,既可以按照飞行路径信息数据自主飞行,也可以在操作员的操纵下在天空中翱翔。

▲ "全球鹰"无人机

"全球鹰"无人机
机长:13.5 米
机高:4.62 米
翼展:35.42 米
实用升限:20500 米
最大飞行速度:644 千米每小时
最大航程:24985 千米
最大续航时间:约 42 小时

空天飞机

空天飞机是另一种强大的无人飞行器。2015 年 5 月,美国的 X-37B 空天飞机进行了第三次发射,在完成破纪录的 718 天秘密任务后,于 2017 年 5 月着陆,实现了空天飞机领域的重大突破。

▲ X-37B 空天飞机

间谍卫星

间谍卫星在太空轨道运行,它能通过监视和窃听,获取军事情报。比如,美国在 2016 年发射的 NROL-37 间谍卫星,可以对全球众多军事目标进行侦听。

▼ 间谍卫星

微型机器人

很多人认为机器人都是"大块头儿"。但事实上,机器人可以很大,也可以很小。目前,微型机器人已经成为机器人研究领域的一个热点。这类机器人的体形很小,却可以灵巧地完成人难以完成的任务。

水黾机器人

水黾机器人非常小巧,身长仅2厘米,但腿有5厘米长。它的身体结构受到折纸启发,能够折叠、弹开,长腿则模仿的是真正的水黾。

用途广泛

微型机器人可以拍照、担任警戒、读取传感器信息等。如果多个微型机器人组成一个团队,发挥的作用将更大,可以广泛应用于航海、农业、通信、航空航天和医疗等方面。

机器苍蝇

机器苍蝇是典型的微型机器人,体重只有约60毫克,翼展仅3厘米,其飞行运动原理和真的苍蝇非常相似,可以从事救援或间谍任务。

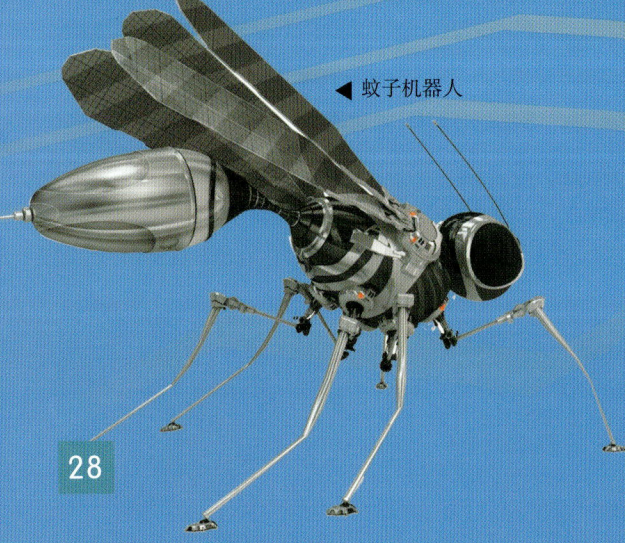

◀ 蚊子机器人

微小尺寸

每一个微型机器人都是经过特殊设计的,它们的尺寸一般都在5~6厘米,和一只蜻蜓差不多大,有的可能更小,不仔细看都发现不了。它们身上装有微处理器和微传感器,有的还装有摄像机。

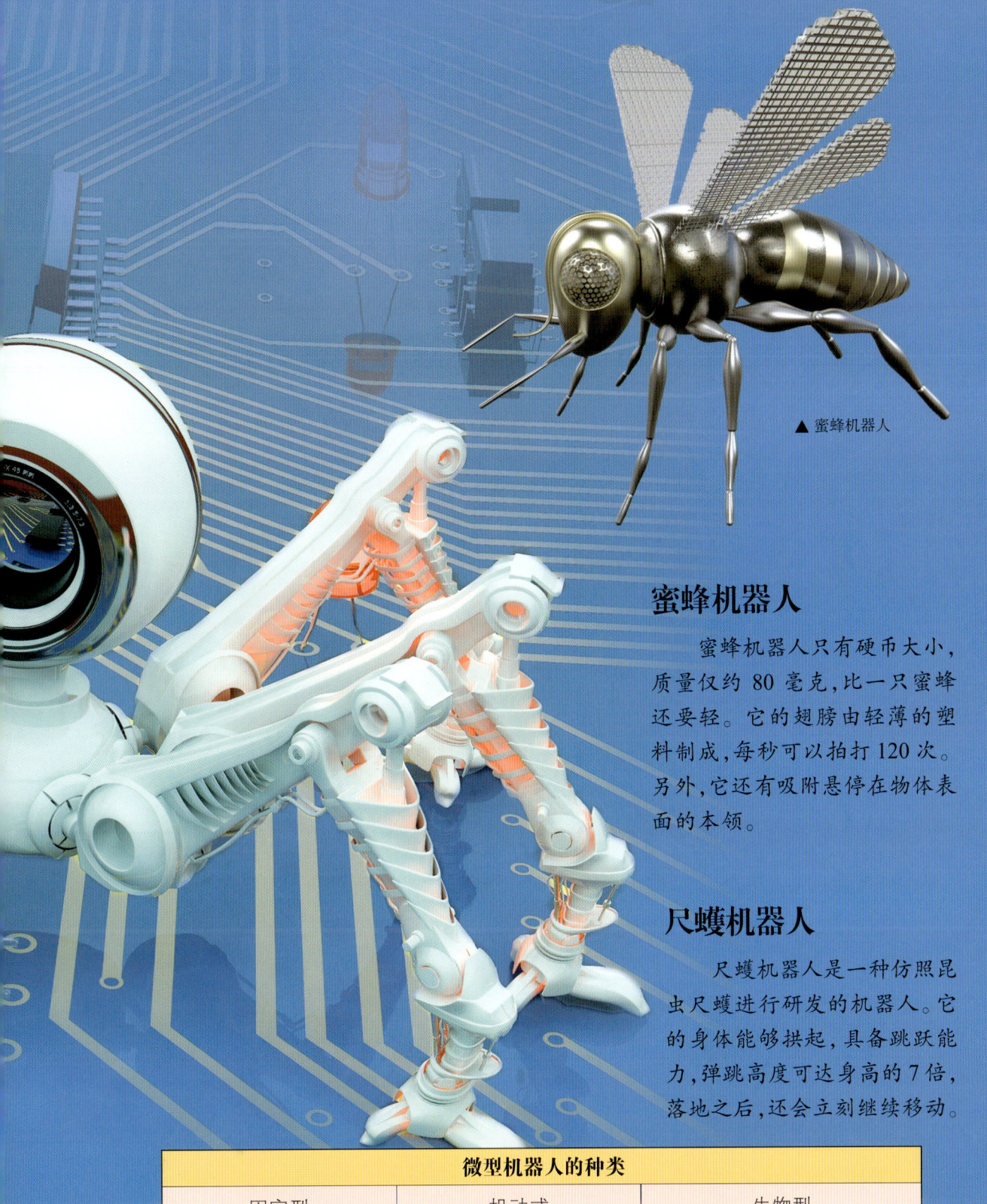

▲蜜蜂机器人

蜜蜂机器人

　　蜜蜂机器人只有硬币大小，质量仅约 80 毫克，比一只蜜蜂还要轻。它的翅膀由轻薄的塑料制成，每秒可以拍打 120 次。另外，它还有吸附悬停在物体表面的本领。

尺蠖机器人

　　尺蠖机器人是一种仿照昆虫尺蠖进行研发的机器人。它的身体能够拱起，具备跳跃能力，弹跳高度可达身高的 7 倍，落地之后，还会立刻继续移动。

微型机器人的种类		
固定型	机动式	生物型
外观像石头、树木、花草等，装有各种微型传感器。	装有太阳能电池板和计算机，能按照预定程序活动。	将微型传感器安装到动物或昆虫身上，构成微型生物机器人。

乐高机器人

乐高机器人将传统拼装游戏与现代计算机技术完美结合，让普通人也可以根据乐高机器人套件中的各种配件组装出一个特别的机器人。之后，人们还能下载各种程序，赋予机器人不同的能力。

什么是乐高机器人

乐高机器人是一种机器人教育玩具，它集合了可编程主机、电动马达、传感器、齿轮、轴承等配件，可以让玩家自由发挥创意，拼凑各种模型，而且可以让它真的动起来。

"头脑风暴"

"头脑风暴"是乐高机器人的入门级套件，有700多个零件，包括电机、轮子、齿轮、微计算机、传感器等。组装好后，它可以用脚行走，能避开障碍物，还能抬起手臂。

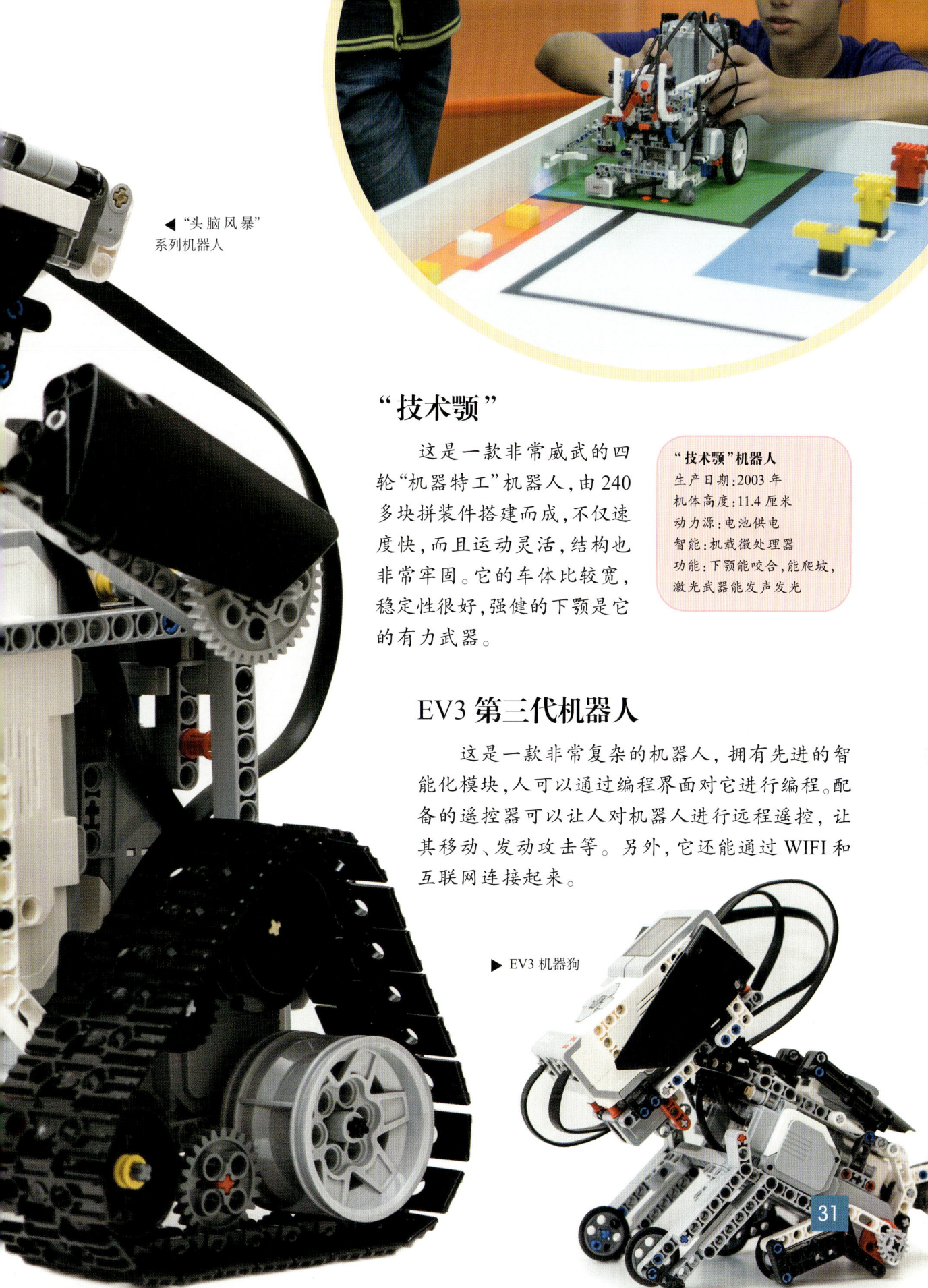

◀ "头脑风暴"系列机器人

"技术颚"

这是一款非常威武的四轮"机器特工"机器人，由240多块拼装件搭建而成，不仅速度快，而且运动灵活，结构也非常牢固。它的车体比较宽，稳定性很好，强健的下颚是它的有力武器。

"技术颚"机器人
生产日期：2003年
机体高度：11.4厘米
动力源：电池供电
智能：机载微处理器
功能：下颚能咬合，能爬坡，激光武器能发声发光

EV3 第三代机器人

这是一款非常复杂的机器人，拥有先进的智能化模块，人可以通过编程界面对它进行编程。配备的遥控器可以让人对机器人进行远程遥控，让其移动、发动攻击等。另外，它还能通过WIFI和互联网连接起来。

▶ EV3 机器狗

机器人比赛

足球是世界第一大运动，它也受到机器人工程师的喜爱。因此，很多机器人都是"足球运动员"。除了足球赛，还有很多机器人比赛，比如FLL机器人世锦赛、机器人灭火竞赛等。

机器人世界杯

机器人世界杯每年举办一次，参赛队伍分为不同的级别。其中，小型机器人组成的队伍一般包括5名成员，它们不能自主参赛，而是由场边的人员进行控制。中型机器人是不受控制的，可以自主参赛。它们不一定走或者跑，也可以用轮子将球推进球门。

◀ 机器人在场边做赛前准备

人形机器人足球赛

人形机器人足球赛中，参赛的机器人必须具有人的形象，还必须像真正的足球运动员那样在球场上奔跑。这种比赛十分精彩，经常会出现罚点球、守门员扑球等场面。

◀ 小学生操纵机器人进行比赛

立方体参赛者

国际机器人足球联盟最初举办的比赛只有"微型机器人世界杯"。参赛的机器人都呈立方体,只有手掌那么大,但内部结构十分复杂,装有各种传感器。

机器人灭火竞赛

机器人灭火竞赛是全球最普及的智能机器人竞赛之一。比赛在一个模拟的房间内进行,要求参赛机器人在最短的时间内熄灭房间内的蜡烛。当然,灭火途中会遇到很多障碍,而克服的障碍越大,得分越多。

▲ 赛场上进行比赛的机器人

人形机器人足球赛分组		
小型组	中型组	大型组
参赛的是身高60厘米以下的机器人。	参赛的机器人身高在100~120厘米之间。	参赛的都是身高超过130厘米的大家伙。

FLL机器人世锦赛

FLL机器人世锦赛是一个综合的系列机器人竞赛,比赛项目包括常规赛、足球赛、电脑机器人创意设计与动手比赛等。FLL每年的挑战主题都不同,但目的都是为了鼓励学生充分发挥想象力、创造力,培养学生的开发性思维。

▼ FLL机器人世锦赛

◀ 机器人参加足球赛

人机对抗

机器人领域的技术发展到现在,已经越发先进,尤其是使用了人工智能技术的机器人,更是能力非凡,甚至在某些方面和人类相比能力更强。比如,"深蓝"战胜国际象棋大师卡斯帕罗夫;"阿尔法狗"战胜围棋世界冠军李世石。

▲ 人在计算机上下象棋

首次对抗

1963年,人与计算机进行了首次对抗。当时,国际象棋大师大卫·布龙斯坦与计算机较量,还让了计算机一个皇后。但对局进行到一半时,计算机就把布龙斯坦的一半兵力吃掉了。

"深蓝"的胜利

1997年是人工智能和机器人学的一个转折点。那年,美国IBM公司生产的超级国际象棋电脑——"深蓝"击败了世界排名第一的国际象棋大师卡斯帕罗夫。

深度学习

深度学习的概念源于人工神经网络的研究,它可以大大提高计算机识别图像和语音的精度,让机器人变得比人更聪明。目前,谷歌、百度等公司都投入巨资,进行深度学习的研发。

"阿尔法狗"

2016年3月，"阿尔法狗"与围棋世界冠军李世石进行了围棋人机大战，以4∶1的总比分获胜。2017年5月，它又和排名世界第一的世界围棋冠军柯洁对战，以3∶0的总比分获胜。

▲ 人在计算机上下围棋

"阿尔法狗"再进化

2017年10月，"阿尔法狗"的进化版登上了世界顶级科学杂志——《自然》。和老版"阿尔法狗"相比，新版强大得多，它不再需要人类数据，只需要自我对弈，进行深度学习，就能变成围棋高手。

电影中的机器人

在科幻电影中，人们见到了各式各样的太空飞船和机器人，比如《终结者》中的终结者T800、《变形金刚》中的汽车人、《机器人总动员》中的瓦力等。

终结者T800

终结者T800是电影《终结者》中的人形机器人，具有常人的力量和视力，可以模仿人的声音，还能自我修复。剥开表层皮肤，它呈现出一副金属骨骼和狰狞的头颅。

▲《终结者》中的人形机器人

▼ R2-D2

R2-D2

R2-D2是《星球大战》里的机器人。它看上去像个垃圾桶，肚子里塞满了各种工具的附加臂，这让它成为了不起的宇航技工。虽然它不会说话，但可以通过面板上所显示的代码表达想法。

◀《变形金刚》中的机器人"擎天柱"

汽车人

汽车人是电影《变形金刚》中的机器人，它们属于机械生命体，本质上和人类一样，具有智慧、思维和情感。不同的是，它们的身体是金属，还可以变换不同的形状。

瓦力

瓦力是电影《机器人总动员》里的清扫机器人。它又脏又旧,但任劳任怨,作为地球上最后一个机器人独自清理地球上的垃圾。

◀ 瓦力

大白

这是《超能陆战队》中非常可爱的医疗充气机器人。它长着圆滚滚的肚子、胖乎乎的脸蛋,全身雪白,就像一个大气球。

▶ 大白

▲《变形金刚》中的机器人"大黄蜂"

机器人索菲亚

我们经常说自己或他人是某个国家的公民。那么,机器人呢?它们拥有类似的身份吗?事实上,几乎所有的机器人都没有"公民身份"。不过,有一名"女性"机器人非常特殊,拥有沙特阿拉伯公民身份,它就是机器人索菲亚。

外观长相

从外表上看,机器人索菲亚就像是一名女性人类,拥有五官、四肢和躯体等。它的皮肤由延展性非常好的橡胶材料制成,下面有很多电机,这使它可以做出62种面部表情。

参加电视节目

2017年4月26日,索菲亚参加了美国电视节目《吉米今夜秀》。在电视节目中,索菲亚和主持人开玩笑、做游戏,各种反应就像真人一样。

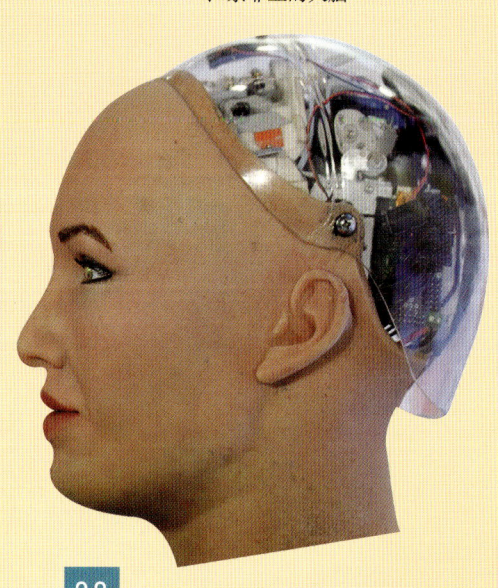

▼ 索菲亚的大脑

厉害的"大脑"

索菲亚除了能做出各种表情,还能理解语言、和人类互动、记住人类各种动作和表情。之所以这么厉害,是因为索菲亚的"大脑"采用了人工智能和先进的语音识别技术。

授予身份

2017年10月26日,沙特阿拉伯授予"女性"机器人索菲亚公民身份。自此,索菲亚成为史上首个获得公民身份的机器人。

索菲亚的愿望

在2016年3月的一次测试中,索菲亚说出了自己的很多愿望。它说自己想要做很多事情,比如上学、创作艺术、经商、拥有自己的房子、组成家庭等。

回答问题

在身份授予活动中,索菲亚坐在一个控制台后面,回答了主持人很多问题。它告诉主持人,自己想要用人工智能帮助人类生活得更好,并努力让世界变得更好。

未来的机器人

随着科技的发展,各种新技术将被研发出来,并逐步应用到机器人身上。因此,在未来,机器人将更先进、更强大,会出现无人驾驶汽车、智能家庭、纳米机器人等,从而使人类的生活方式得到很大的改变。

无人驾驶汽车

真正的无人驾驶汽车在行驶途中,不需要任何人为干预就能克服种种困难。乘客进入车内,只需说明去向,无人驾驶汽车就会自己规划好线路,然后安全地前往目的地。

▼ 无人驾驶汽车的控制系统

▲ 无人驾驶汽车

智能家庭

以后,家庭生活也将变得智能化。家里处处是隐藏的芯片和计算机,可以随时和各种机器人进行信息交流,然后由机器人打扫卫生、清洗碗筷、做美味的饭菜等。

无人驾驶汽车要来了

从2005年开始,许多知名汽车制造商都在研发无人驾驶汽车,并取得了不错的成果。也许,到2020年无人驾驶汽车就可以上市。不过,在此之前,还需要解决技术和法律问题。比如,如果出现事故,谁该为无人驾驶汽车负责?

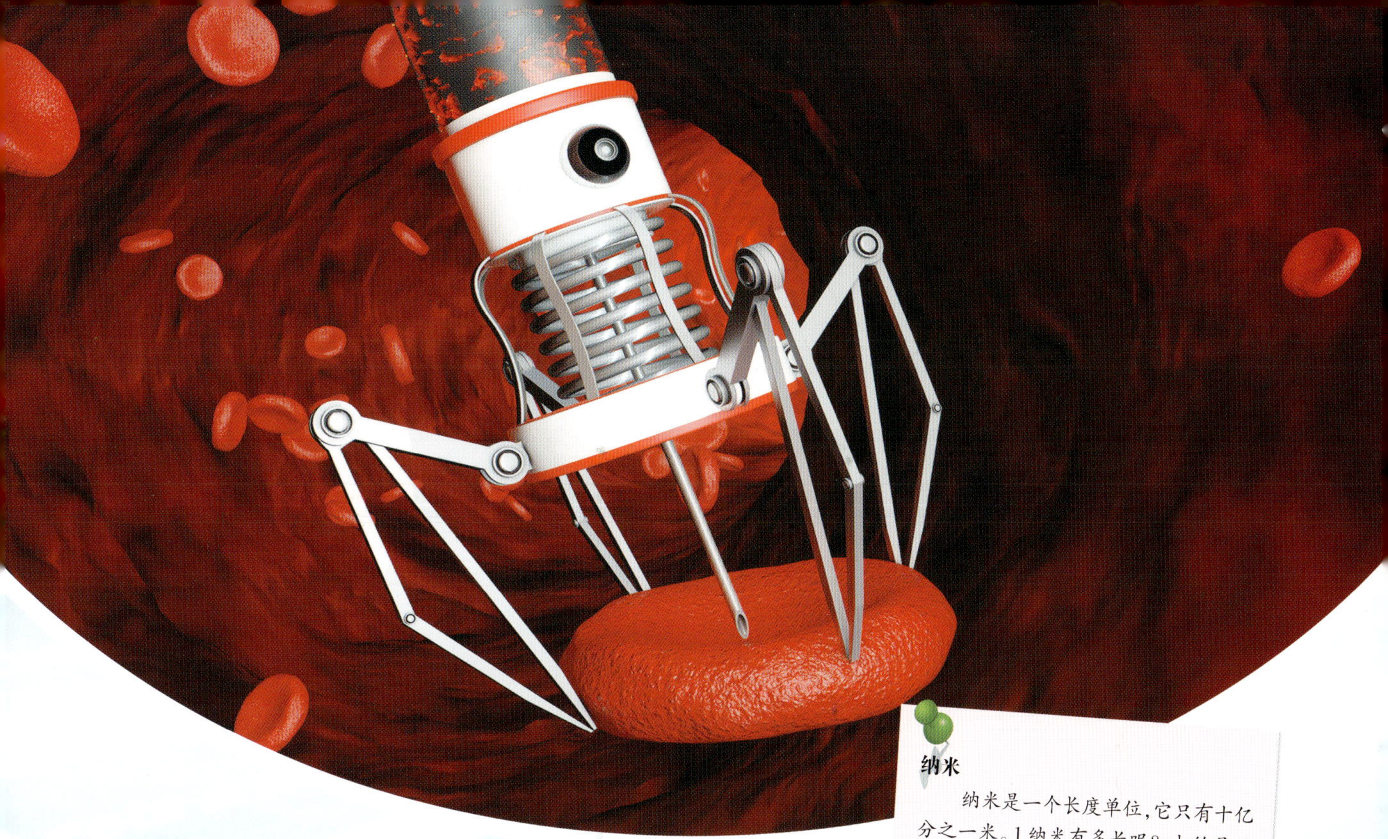

纳米机器人

在不远的未来，纳米机器人有可能变成现实。这些机器人由纳米材料制作，体形非常微小，可以深入人体的血管，进行健康检查和疾病治疗，还可以修复人体器官，甚至进入病患处清除微小的细菌和癌变细胞。

纳米

纳米是一个长度单位，它只有十亿分之一米。1纳米有多长呢？大约是原子大小的4倍，比最小的单个细菌的长度还要小很多。所谓纳米技术，就是研究1~100纳米范围内，材料的性质和应用的技术。

用思维控制机器人

在未来，机器人不仅能听懂人的语言，还能读懂人的思维。因此，人可以通过思维控制机器人。当然，前提是人脑要先植入一个芯片，机器人才能辨认出人脑部的活动。

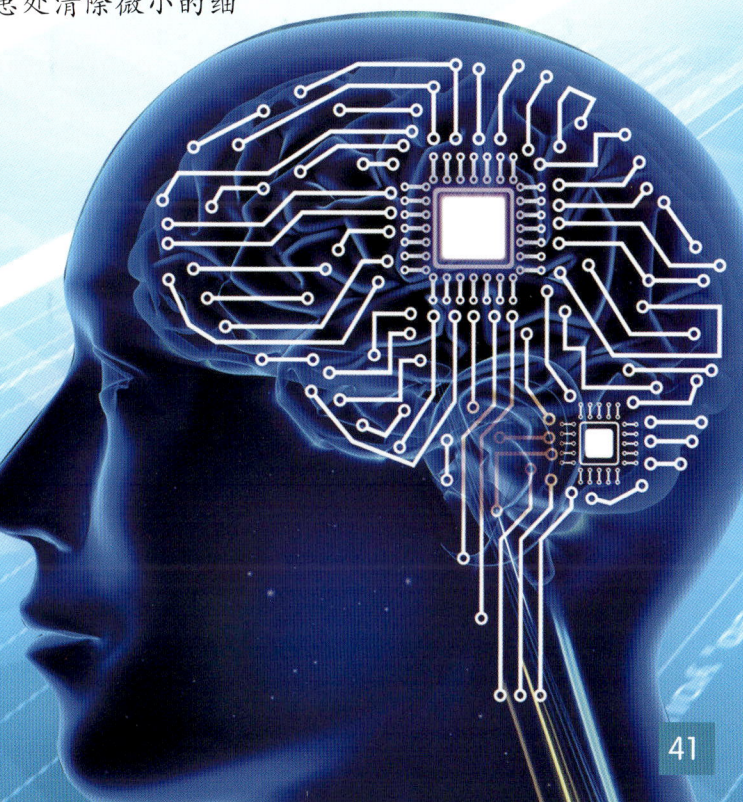

▶ 大脑芯片置入设想图

潜在威胁

人工智能使得机器人朝着有自我意识和思维能力的方向发展,这就意味着机器人具有与人同等或类似的创造性、情感和自发行为,那么它们就有可能反抗人类,成为人类的敌人。这并非危言耸听,是很有可能发生的。

机器人三法则

1941年,科幻作家阿西莫夫在作品中订立了机器人三法则:机器人不得伤害人类,或袖手旁观坐视人类受到伤害;机器人必须服从人类的命令,当该命令与零法则或者第一法则冲突时例外;在不违背第零、第一和第二法则下,机器人必须尽可能保护自己的生存。

> **补充的机器人零法则**
> 机器人第零法则:机器人必须保护人类的整体利益不受伤害,其他三大法则在这一前提下才能成立。

逻辑上的前提

这三条法则是智能机器人所必须遵守的,三条法则之间互相约束,为智能机器人忠诚于人类提供了逻辑上的前提。不过,在逻辑上,这三条法则还有漏洞,于是又出现了补充的机器人零法则等。

机器人反叛

机器人三法则虽然可以约束智能机器人的行为，但由于智能机器人有了自我意识和逻辑思维，很有可能会突破或曲解三法则，因此在未来，机器人有可能做出危害人类的事情，甚至会反叛，和整个人类社会为敌。

▲ 高度智能化的机器人

《黑客帝国》

在电影《黑客帝国》中，一个名为"矩阵"的计算机人工智能系统创造了一个虚拟世界，将众多人类控制在其中。另外，它还创造了众多机器战士、电子乌贼等，攻击现实生活中的人类，并反抗组织。

《机械公敌》

在电影《机械公敌》中，智能机器人是人类最好的生产工具和伙伴。但是，一个酷似人类的超能机器人却杀死了它的创造者，之后率领众机器人部队和人类作对。原来，这个超能机器人学会了自我思考，并曲解了三法则，将人类囚禁在家中，从而造成人类和机器人的冲突。

图书在版编目（CIP）数据

我的第一套视觉百科. 机器人/张功学主编. -- 西安：未来出版社，2018.6（2023.10 重印）
ISBN 978-7-5417-6587-2

Ⅰ.①我… Ⅱ.①张… Ⅲ.①科学知识—少儿读物②机器人—少儿读物 Ⅳ.①Z228.1②TP242-49

中国版本图书馆 CIP 数据核字（2018）第 126814 号

我的第一套视觉百科（精装）
WO DE DIYI TAO SHIJUE BAIKE

机器人
JIQIREN

主　　编	张功学
丛书统筹	魏广振
责任编辑	杨雅晖
美术编辑	许　歌
出版发行	未来出版社发行
地　　址	西安市雁塔区登高路 1388 号　邮编：710082
电　　话	029-89122853
开　　本	889 mm × 1194 mm　1/16
印　　张	3.5
字　　数	60 千
印　　刷	万卷书坊印刷（天津）有限公司
版　　次	2018 年 8 月第 1 版
印　　次	2023 年 10 月第 3 次印刷
书　　号	ISBN 978-7-5417-6587-2
定　　价	39.80 元

版权所有　侵权必究